AF461460

LE TILBURY

ET

LA CHARRETTE,

TABLEAU, MÊLÉ DE COUPLETS,

PAR

M. DE PONTCHARTRAIN;

Représenté
pour la première fois sur le Théâtre des jeunes Acteurs
de M. Comte, le 18 novembre 1828.

PERSONNAGES.

PETIT-PIERRE.
JEANNETTE.
LAURENCE.
LÉON.
CHARLES.
JULES.
ACHILLE.
BLAISOT.
BERNARD.

LE TILBURY

ET

LA CHARRETTE.

SCÈNE PREMIÈRE.

Le théâtre représente la cour. Jardin de la maison du comte de Saint-Félix. La porte cochère est censée dans l'avant-cour. Léon habite au premier étage à droite. Petit-Pierre occupe le rez-de-chaussée à gauche. Au lever du rideau, Petit-Pierre va et vient.

PETIT-PIERRE, JEANNETTE.

PETIT-PIERRE.

Allons, allons, Jeannette, ne perdons pas de temps... Porte cette botte de foin à la Grise : elle n'a pas encore déjeuné, cette pauvre bête.

JEANNETTE.

Il ne faut penser qu'à elle ici.

PETIT-PIERRE.

Elle m'aide dans mes travaux, c'est ben l'moins que je la soutienne dans ses besoins.

AIR : *Quand vient l'instant.*

OU : *On baisse la toile.*

Ma pauvre grise, en ami véritable,
Je veux qu'on traite ici matin et soir;
Et je m'demande, avant d'me mettre à table,
A-t-elle été conduite à l'abreuvoir?
Les bêt's souvent chez l'homm' trouv'nt un modèle
L' courage en nous s'augmente dans un festin;
La grise est d' même, et, pour doubler son zèle,
Ma chère, il faut doubler son picotin.

Je te vois bien lever les épaules; mais je suis fait à ta mauvaise humeur, c'est passé en habitude... je n'y fais plus attention depuis le jour où, grâce aux bienfaits du frère de M. le comte de Saint-Felix, j'ai pu m'établir entrepreneur de déménagements et de transports.

JEANNETTE.

Oh! tu as eu là une fameuse idée.

PETIT-PIERRE.

Oh! je sais bien que, si je t'avions écouté quand j'ons reçu nos deux mille francs, que c'monsieur qui ne nous connaissait pas nous a fait passer, j'aurions acheté des bonnets d'tulle, des robes en mérinos...

JEANNETTE.

Si je les avais touchés, moi, j' me serais établie.

PETIT-PIERRE.

Etablie, toi!

JEANNETTE.

Limonadière.

Air : *Voyage, voyage.*

J'aurais été limonadière,
Assise dans un beau comptoir,
Mise d'élégante manière,
En blanc l'été, l'hiver en noir.
Je jette sur chaqu' table
Un sourire agréable;
J'accueill' d'un mot flatteur
L'consommateur;
J' prends avec grâce
Le sucre que je casse;
J'agit' douc'ment
Ma sonnette d'argent.
Allons donc, garçon!
Servez, servez donc;
Allons, pressons,
Servons, courons.

(*Parlé.*) Du punch à la table ronde, une glace au fond, des macarons à gauche.

Quell' vie
Jolie!
Qu' c'est charmant un comptoir!
Quell' vie
Jolie!
J'aurais voulu m'y voir.
Qu' c'est charmant un comptoir!

Ou bien j'aurais été fleuriste.
Qu' j'aurais composé d' beaux bouquets !
J'aurais p't êtr' pris l'état d' modiste.
Quels jolis chapeaux j'aurais faits !
Chaque jour de la mode
Etudiant le code,
J'aurais satisfait tous
Les caprices, les goûts.
Dans ma boutique
Offrant à ma pratique
Chapeaux charmants
Et bonnets élégants.
Mon empressement
Et maint compliment
Prescrivent la loi
De s'fournir chez moi.

(*Elle parle.*) Mon Dieu, madame, ce chapeau vous va t'à ravir... Oh ! que vous êtes jolie sous ce bonnet : vous ressemblez à Ninon de l'Enclos ou à Marie Stuart.—Combien ce chapeau ?—Cinquante francs. — C'est exorbitant, j'aime mieux m'en priver.—Voyons, prenez-le pour vingt-cinq, mais ne le dites à personne.

Quell' vie
Jolie !
J'aurais voulu m'y voir.
Quell' vie
Jolie !
Qu' c'est charmant un comptoir !

PETIT-PIERRE.

Oh ! c'est ben gentil quand la pratique paie... mais quand elle est en déficit, c'est plus ça. Moi j'ai consulté un peu tes goûts ; j' me suis dit : Jeannette veut briller, écraser les autres... Faut lui donner un équipage... je m' suis fait voiturier.

JEANNETTE.

Dis donc charretier.

PETIT-PIERRE.

Oh ! charretier si tu veux, je n' dispute pas sur les mots : ce que j'en disais c'était pour te donner un titre plus élevé... Ah dame ! je sais ben que mon équipage ne vaut pas celui de M. Léon, le fils de M. le comte Saint-Félix.

JEANNETTE.

Je crois bien, un joli tilbury anglais.

PETIT-PIERRE.

Ah ! il est anglais son petit bury ! Eh ben ! moi, j'aime autant mon landeau à grosses roues... Chacun son goût.

Air du vaudeville de *Partie et Revanche.*

Satisfait de mon sort, j'évite
D' la fortun' l' dangereux écueil.
J' crains peu qu' l'ambition excite
En moi les rêves de l'orgueil (*bis*).
Loin que mon état m'humilie,

J' trouv' qu'il m'honor'. En fait d' voitur', j'aim' mieux
Celle qui sert aux travaux d' l'industrie
Qu' cell' qui promène un riche paresseux (*bis*).

J'aurais ben acheté un p'tit bury itout, mais j'me suis dit : Il serait difficile de faire là dedans un déménagement, ou d'y placer deux cordes de bois... Et alors tu comprends...

Air : *Turlurette.*

J' m'en suis allé chez l' charron ;
J' lui dis : Vieux, donn'-moi du bon.
Ici je viens faire emplette
D'un' charrette (*bis*). } (*bis*)
Ma fortune est faite.

Chez Véfour et chez Very
L'ennui vient en tilbury ;
L' plaisir court à la guinguette
En charrette.
Qu'on apprête
L' landeau d' la guinguette.

Déménageant d' maints quartiers,
Banquiers, escompteurs, courtiers,
Si vous preniez ma charrette,
Quell' recette (*bis*) !
Ma fortun' s'rait faite.

Entends-tu la Grise qui frappe du pied... Elle appelle : c'est son coup d' sonnette à elle. Où donc Blaisot est-il ? (*Donnant la botte de foin.*) Allons, porte le café à la Grise. Va donc ; dépêche-toi. (*Il la pousse.*) Il va refroidir.

SCÈNE II.

PETIT-PIERRE, LAURENCE.

PETIT-PIERRE.

Elle s'y fera au métier.

LAURENCE.

Bonjour, Petit-Pierre.

PETIT-PIERRE.

Ah ! c'est vous, mademoiselle Laurence.

LAURENCE.

J'avais quelque chose à te dire; mais la mauvaise humeur de mon frère m'a fait oublier.

PETIT-PIERRE.

Ah ! M. Léon a des contrariétés.

LAURENCE.

Depuis que mon père, en partant pour sa terre de Normandie, a été assez bon pour donner à mon frère la permission de se servir de son tilbury, il est devenu impérieux, colère.

AIR : *La, la, la, la, le désir.*

Dès ce matin il a grondé

Sans nul motif, je vous le jure.
A ses volontés j'ai cédé;
Sa mauvaise humeur toujours dure.

PETIT-PIERRE.

Vous fait's tout au gré de ses vœux;
Vous lui cédez... la chose est claire.
Monsieur Léon est furieux
De n' pouvoir pas être en colère.

SCÈNE III.

Les Précédents, LÉON.

LÉON, *en toilette.*

C'est une chose inconcevable..... Ils me font bouillir.

LAURENCE.

Mais enfin, Léon, qu'as-tu?

LÉON.

Qu'as-tu, qu'as-tu! Je demande mon tilbury pour huit heures, il est huit heures cinq minutes, il n'est pas encore prêt.

Air : *Pour moi, les gens de cette sorte.*

Quel supplice! il faut que j'attende;
Le cheval n'est pas prêt. Blaisot!
Certes, ma patience est grande.
Qu'être riche est un triste lot!

Inventeurs de secrets uniques,
De machin's, pour nous, par faveur,
Faites des chevaux mécaniques
Ou des domestiqu's à vapeur.

Vous autres femmes ne comprenez pas le charme de l'exactitude. Je devais partir.

LAURENCE.

Autant de moments de retard, autant d'instants de répit pour les piétons que tu éclabousses ou que tu renverses.

LÉON.

Les piétons sont faits pour se ranger. Crois-tu donc qu'on retienne son cheval comme on veut?... Ma sœur, parle musique, guitare, tapisserie ; mais laisse-moi conduire mon tilbury comme je l'entends.

JEANNETTE, *à la porte.*

Ah ! monsieur Léon, vos jeunes amis MM. Charles, Jules, Achille, sont venus hier ; ils m'ont dit de vous rappeler le rendez-vous.

LÉON.

Oui, nous avons une partie au bois de Boulogne, nous allons déjeuner à Madrid, Achille nous précède à cheval.

LAURENCE.

Petit-Pierre, je me souviens de ce que j'avais à

vous dire : il s'agit d'un service à rendre au père Michel.

PETIT-PIERRE.

Ce vieil invalide qui demeure au cinquième.

LAURENCE.

Il quitte la maison aujourd'hui ; il va rejoindre à l'Hôtel des Invalides ses vieux camarades. La mort de sa fille le laisse isolé : il accepte le logement que le prince lui donne. Je lui ai promis qu'il pouvait compter sur vous pour le transport de ses effets.

PETIT-PIERRE.

Certes, mademoiselle Laurence, que le vieux soldat peut compter sur moi ; mon zèle, mes bras, ceux de la Grise, c'est-à-dire les pieds de la Grise, tout est à son service.

LAURENCE.

Je saurai reconnaître...

PETIT-PIERRE.

Laissez donc, mademoiselle. Est-ce qu'un plaisir mérite un salaire. Pauvre père Michel ! il n'a pas grand bagage ; mais il aurait un mobilier d'agent de change que je le lui porterais de même.

LAURENCE.

Ainsi, je puis lui annoncer....

PETIT-PIERRE.

Que je suis tout à son service. Jeannette, tu

iras dire au menuisier, M. Ducopeau, que je lui transporterai ses planches ce soir, m'entends-tu? Non, non : cours plutôt chez le père Michel aider à faire les paquets.

AIR : *Ma Louison, prends un housard.*

Allons, va vite, Jeannette,
Aider au père Michel ;
Dis-lui qu' ma voiture s'ra prête
Pour le m'ner au grand hôtel.

LÉON.

Qu'est-c' que mon jockei peut faire?
Il me fait croquer l' marmot.

PETIT-PIERRE, *à Jeannette.*

Cours : pour obliger, ma chère,
On n'arriv' jamais trop tôt.
Dépêchons (*bis*),
Dépêchons,
Et partons.

(Laurence et Jeannette sortent.)

SCÈNE IV.

PETIT-PIERRE, LÉON, CHARLES, JULES, ACHILLE.

LÉON.

Blaisot, Blaisot, termineras-tu?

BLAISOT, *dans la coulisse.*

Monsieur, je suis à vous.

LÉON.

A propos, Petit-Pierre, tu sais que j'ai pris, à partir d'aujourd'hui, Blaisot à mon service. Ce garçon-là ne peut pas rester à ton écurie... Il faut qu'il s'élève. Je l'ai fait habiller, et il montera derrière mon tilbury. Voilà les amis. Arrivez donc, arrivez!

TOUS EN CHOEUR.

AIR : *Nous voilà.*

Nous voilà (*bis*)!
Sans attendre,
Pour te prendre,
Nous voilà (*bis*)!
L'amitié nous trouve là.

LÉON.

Que vous tardez à mon impatience!
Hâtons-nous : car, pendant notre absence,
Le bois de Boulogne, je pense,
Est monotone; mais bientôt on dira :

CHOEUR.

Les voilà!
Qu'ils sont affables
Agréables!
Ah! quel bon
Ton!
Quelle gaîté!
Quelle amabilité!

Reprise.

Les voilà !

LÉON.

La journée s'annonce bien... un temps magnifique... Le bois doit être bon pour les chevaux.

CHARLES.

Exquis.

ACHILLE.

Je suis monté sur mon petit arabe.

PETIT-PIERRE, *à part.*

Arabe de Normandie.

ACHILLE.

Je crois qu'on le monte avec une certaine grâce...

LÉON.

Un peu roide.

ACHILLE.

C'est toi, mon cher, qui as les bras roides dans ton tilbury... Tu as de très mauvais bras ; tu ne comprends pas du tout le coup de fouet de bonne compagnie.

CHARLES.

Nous verrons à qui seront les honneurs de la promenade.

LÉON.

Celui qui aura fait le plus de fautes dans la conduite ou dans l'équitation paiera le déjeûner.... Je suis bien sûr de ne pas fournir l'écot.

BLAISOT, *à Léon.*

Monsieur, le tilbury est prêt. (*A Petit-Pierre.*) La charrette est attelée.

LÉON, *à Blaisot.*

Viens ici, tête droite, le corps immobile, en jockei anglais. Il est un peu gras : faudra faire maigrir ce gaillard-là... Quand je te parlerai, tu répondras: *Ies, ies.*

BLAISOT.

Ié.

LÉON.

Je te dis *Iés.*

SCÈNE V.

LES PRÉCÉDENTS, LE PÈRE MICHEL, LAURENCE, JEANNETTE.

PETIT-PIERRE.

Tiens bien ça, Jeannette : c'est la bibliothèque du père Michel.... Moi, j'ai son arsenal.

LÉON.

Vous voyez ma sœur toujours dans des détails de ménage.

LAURENCE.

Qui me plaisent, mon frère, autant que vos folies peuvent vous charmer.

LÉON *et* PETIT-PIERRE, *à Blaisot.*

Donne-moi mon fouet.

Blaisot donne à Léon le fouet de Petit-Pierre.

LÉON.

Imbécille, je lui demande mon fouet, il m'apporte une massue.

PETIT-PIERRE, *tenant le fouet de Léon.*

Qu'est-ce que c'est que c' t'allumette-là.

Ils troquent.

LÉON.

Allons, mes amis, partons.

PETIT-PIERRE.

Allons, père Michel, en route.

Tableau.

AIR : *Dépêchons, travaillons.*

Oui, partons (*bis*);
Nous nous amuserons.

PETIT-PIERRE.

Oui, partons;
A bon port nous arriverons

LÉON.

Trottons, galopons;

Renversons
Tout ce que nous rencontrerons.

PETIT-PIERRE.

Allons, doucement,
Prudemment,
De crainte d'accident.

TOUS.

Oui, partons (*bis*);
A bon port nous arriverons.

SCÈNE VI.

LAURENCE, JEANNETTE.

JEANNETTE.

Comment, mademoiselle Laurence, vous pouvez aller vous promener avec votre frère, et vous restez à la maison. (*Elle regarde.*) Quelle joie! voiture! comme le cheval caracole!... Que ce doit être agréable d'être perché là-dessus!... Qu'on est heureux d'être riche!

LAURENCE.

Chaque état a ses déplaisirs. Tu ne vois que le beau côté de l'aisance.

JEANNETTE.

Ah! c'est égal : je me condamnerais de bien bon,

cœur au mauvais côté, pourvu que j'eusse l'autre aussi. Tenez, mademoiselle Laurence, on a beau m' dire, Jeannette, tu es une orpheline, tes parents étaient pauvres : je fais des châteaux en Espagne, le soir, en attendant Petit-Pierre, et j' me dis, J' parie que j' suis la fille d'un prince ou d'un gros marchand d' bois ; et puis ma tête fait du chemin, fait du chemin...

AIR *de Céline*.

C'tt' illusion m' charm' dans un songe,
Et malgré moi toujours m' poursuit ;
Tant que je dors ell' se prolonge :
Pauvre le jour, je m' trouv' riche la nuit.
J'ai d' biaux habits quand je sommeille,
Des p'tits souliers si bien faits et si beaux !
Mais, hélas ! quand je me réveille,
Je me r'trouv' dans mes gros sabots.

LAURENCE.

Folle que tu es ! Laisse de côté ces idées, qui affligent et découragent.

SCÈNE VII.

LAURENCE, JEANNETTE; BLAISOT, tout pâle.

CHOEUR, *en dehors.*

AIR : *Ah ! quel scandale abominable !*

Ah ! c'est affreux, abominable !
Renverser le monde comm' ça !
C'est indign' ! c'est épouvantable !
Le commissaire le saura.
C'est affreux ! c'est abominable !
Le commissaire le saura. } (*bis*)

LAURENCE.

Quel rassemblement devant la porte ! C'est Léon qui aura encore fait une maladresse.

BLAISOT.

Mademoiselle Laurence, mademoiselle Jeannette, vite, vite, du secours, de l'eau de Cologne, du vinaigre !

LAURENCE.

Qu'est-il donc arrivé ?

BLAISOT.

M. Léon a culbuté un singulier particulier ; tout le monde s'attroupe. Tenez, il le fait entrer ici.

Laurence sort, et rentre un moment après, conduisant et soutenant Bernard, qu'elle fait asseoir.

SCÈNE VIII.

Les Précédents, BERNARD dit Le Rond.

LÉON.

Je n'ai d'ordre à recevoir de personne ; je ferai ce que mon humanité me prescrira. (*A part.*) Un peu de vulnéraire sur le front, une pièce de cent sous dans la main du blessé, et l'affaire sera terminée. (*Haut.*) Mes amis, attendez-moi avec le tilbury sur le boulevart extérieur. Voilà bien du train pour un homme renversé.

BERNARD.

Un homme renversé, un homme renversé : j' crois bien, je ne suis plus que plaie et bosse.

Air : *Crois-tu donc qu'il me prenne envie*
D' servir son prince et son pays.

Quelle douleur et quelle courbature !

LÉON.

Il prend, je crois, plaisir à crier.
Se plaindre taut d'une telle aventure!

BERNARD.

Faudrait-il vous remercier?

LÉON.

Oui, vous jeter en bas, je le confesse,
Est maladroit; mais, bientôt apaisé,
Vous conviendrez que c'est un tour d'adresse
De ne pas vous avoir écrasé.

Je vous assure, vous n'avez pas à vous plaindre.

BERNARD.

Moi, j' me plains jamais: c'est mon système.

AIR : *Bâti par l'amour.*

Tout est pour le mieux;
Nous sommes dans le meilleur monde.
Moi, je suis heureux!
Ce que chacun veut, je le veux.
Tout ce qui se dit,
Se fait ou s'écrit
A la ronde,
Plaît ou déplaît; mais,
Ma foi, je ne me plains jamais.

J'ai bien voyagé,
En patache, en diligence;
J'ai souvent été
Bien ballotté,
Bien cahoté,

Plus d'un postillon
M'a, j'en répond,
Versé en France.
D'autres se blessaient ; moi, je roulais,
Et leur disais : . . .

Tout est pour le mieux, etc.

J'ai vu des amis,
Dont je semblais être l'idole,
Venir au logis
Tant que leur couvert était mis.
Au jour des revers,
Plus de couverts ;
L'ami s'envole
Pour cacher ses douleurs,
Et pour aller dîner ailleurs...

Tout est pour le mieux, etc.

En jetant sur moi
Parfois des yeux un peu caustiques,
Je me dis : Ma foi,
Le sort aurait pu, je le croi,
Faire ma tournure,
Ma figure,
Plus classiques,
Mon dos moins épais,
Mes mollets un peu plus gras... Mais...

Tout est pour le mieux, etc.

LÉON.

Il est original.

BERNARD.

Je ne me plains pas, mais je n'aime pas qu'on me renverse.

LÉON.

Il fallait vous déranger : j'ai crié gare.

BERNARD.

Je n'ai pas entendu : j' descendais de ma cariole.

LÉON.

Vous êtes sourd ?

BERNARD.

Ce n'est pas une raison pour être écrasé. Louis XV disait que, s'il était lieutenant de police, il défendrait les cabriolets.

LÉON.

Eh bien ! il était étonnant Louis XV.

BERNARD.

C'est jouer de malheur pour ma rentrée dans Paris. Il y avait vingt ans que je n'y avais mis les pieds : vous avez eu mon étrenne.

LÉON.

Vous serez bientôt remis ; quand vous voudrez vous éloigner, mon brave homme, vous le ferez... Mes amis m'attendent, et vous comprenez...

BERNARD.

Comment donc ; mais faites donc, je vous prie :

s'il fallait que l'homme en cabriolet s'arrêtât auprès de ceux qu'il écrase, il n'arriverait jamais à destination.

LÉON.

N'avez-vous pas la prétention de redresser le genre humain ?

BERNARD.

Eh ! eh ! vous voulez dire que je ferais mieux de me redresser moi-même : ça viendra peut-être.

LÉON.

Au revoir, mon cher : Jeannette aura soin de vous. Remonte, ma sœur.

LAURENCE.

Si je n'avais ma leçon à prendre, je resterais près de monsieur.

LÉON.

Il ne convient pas...

BERNARD.

Il ne convient pas de faire le bien à côté de ceux qui font le mal : c'est les faire rougir.

Léon sort. Laurence monte à son appartement. Jeannette a laissé un moment Bernard.

SCÈNE IX.

BERNARD.

Allons, j'ai eu plus de peur que de mal. Il n'y a rien de trop déformé, fort heureusement... tout est encore à sa place. Singulière idée qui me prend de venir à Paris ! Je n'ai pu résister à la tentation. Mes voyages m'ayant amené aux environs, je me suis risqué à venir embrasser mon frère, le comte de Saint-Félix. Qui me reconnaîtrait sous cet accoutrement ? Ma foi, chacun ses goûts. Que mon frère reste dans les salons de la capitale ; moi, je me promène dans la France. Je fais du négoce ; je m'enrichis en me promenant : c'est plus agréable, c'est plus sain. Quoique éloigné, la correspondance me tient au courant des affaires de mon frère. Dans sa dernière lettre, il me donnait son adresse rue de Clichy, je crois. J'arrive de Saint-Ouen. Je suis, m'a-t-on dit, à peu près dans la ligne de ma destination. Diable d'étourdi qui me jette à terre !... Ça n'arrive pas deux fois en trente ans en province.

SCÈNE X.

BERNARD, JEANNETTE.

JEANNETTE.

Enfin, v'là l' flacon. Monsieur, respirez, respirez.

BERNARD.

Laisse-moi donc.

JEANNETTE.

Faut vous envelopper.

AIR : *Courant la brune.*

Qu'ordonnez-vous à mon zèle ?
Dites, monsieur, que faut-il ?
Par quelque boisson nouvelle
Éloignerons-nous l' péril ?
Le malade a maint caprice.
Faut-il des rafraîchissants ?
Si la liqueur est propice,
J'ai du vieux cent sept ans.
Hélas !
Le bras
N'est-il pas
Fracassé
Ou cassé ?
Un bon bain

Serait sain.
J'ai de l'eau
Sur l'fourneau ;
J'ai du thé
D' qualité.
Un bouillon
Est-il bon ?
Décidez,
Commandez ;
Je suis à vot' service.

Si on mettait les sangsues à monsieur, six douzaines seulement... Monsieur ne veut rien prendre ?

BERNARD.

Donne-moi ma canne ; je vais me mettre en route, c'est tout ce que je veux... Ah çà ! dis-moi, où est la rue de Clichy ?

JEANNETTE, *riant.*

La rue de Clichy !... eh ben ! est-ce que vous n'y êtes pas ?... Est-il drôle ! ça l' fait rire parce qu'il est rue de Clichy.

BERNARD, *à part.*

C'est, ma foi, jouer de bonheur ! on ne pouvait pas être renversé plus à propos. Où est le numéro seize ?

JEANNETTE.

Vous voulez rire... puisque vous y êtes !

BERNARD.

Comment ! je suis au numéro seize ?

JEANNETTE.

Regardez plutôt cette adresse d'une lettre qui vient d'arriver pour M. le comte de Saint-Félix, qui est à la campagne?

BERNARD.

Oh! c'est particulier!... surprenant!... être renversé précisément...

JEANNETTE.

Mais il est fou... la chute aura porté au cerveau... v'là une crise qui lui prend.

Elle s'éloigne un peu.

BERNARD.

En effet, voilà bien l'habitation telle qu'il me l'a décrite : deux corps de logis (*Il avance, Jeannette recule.*), un habité par lui, Léon et Laurence... Ce sont eux que j'ai vus... (*Haut.*) C'est mon neveu qui m'a renversé.

JEANNETTE.

Ah! plus de doute, la tête déménage. V'là qu'il dit que M. Léon est son neveu... le neveu d'un bossu! L' pauvre cher homme; il rêve, il a le cauchemar... Comme il regarde la maison!

BERNARD.

Il se promène.

L'autre côté est habité par l'honnête Petit-

Pierre, et voilà Jeannette. (*Il rit.*) Je ne reviens pas de l'aventure !

AIR *du Verre.*

On ne peut plus heureusement
Éprouver de mésaventure.

JEANNETTE.

Comme son œil brille à présent !
Il est fou, la chose est bien sûre.
Je commence à trembler, ma foi.

BERNARD.

Mon frère va bientôt paraître.

JEANNETTE.

(*Parlant.*) Son frère !... il ne sait plus ce qu'il dit.

BERNARD.

Je suis, ma chère, ici chez moi.

JEANNETTE.

(*Parlant.*) Ah ! mon Dieu !

Le malheureux s'croit à Bicêtre.

(Bernard est entré dans la salle du rez-de-chaussée.)

Il me fait peur... Oh ! la bonne idée ! (*Elle pousse la porte, et enferme Bernard.*) V'là le fou dans sa loge... Frappe, tape : ça m'est égal.

BERNARD.

Eh ben ! ouvre donc... ouvre donc.

SCÈNE XI.

JEANNETTE, PETIT-PIERRE ; BERNARD, enfermé.

PETIT-PIERRE.

Quel tintamare !...

JEANNETTE.

Au secours, Petit-Pierre !

PETIT-PIERRE.

Eh ben ! qu'est-ce que tu as donc ?

JEANNETTE.

Il est là... M. Léon l'a renversé avec son cabriolet ; ça lui a tourné la tête.

PETIT-PIERRE.

Qui ?...

JEANNETTE.

Le fou.

Bernard, à ce moment, a ouvert une fenêtre, et sort. Jeannette rentre en jetant un cri.

SCÈNE XII.

BERNARD, PETIT-PIERRE.

BERNARD.

Qu'est-ce que c'est que ce genre de plaisanterie là ?... M'enfermer ! cette folle de Jeannette, qui veut me mettre six douzaines de sangsues, parce que Léon m'a renversé.

PETIT-PIERRE, *à part.*

Il connaît Jeannette ! et puis il dit Léon tout court... Jeannette dit que vous êtes fou.

BERNARD.

Fou !... dame ! ça dépend comme on veut l'entendre.

AIR : *Mon hussard fumait.*

Chacun ici-bas, mon cher a sa folie ;
Mon cher, ici-bas,
Hélas ! qui n'en a pas !
Ce monde, où la scène à chaque instant varie,
Est vraiment pour tous
Un hôpital de fous.

Chacun sa marotte et chacun sa manie.
L'un cache un trésor,

Et meurt de faim sur l'or ;
L'autre veut bâtir, c'est là sa maladie.
Nos faubourgs iront
Bientôt à Charenton.
Un auteur, partout
Cherchant de noires trames,
Pour former son goût,
Écrit des mélodrames.
En France, par ton,
Tout change de nom :
Les modistes
Sont artistes,
Les perruquiers coiffeurs,
Les écoliers auteurs...
Il faut que chez nous une femme porte
Sa chaussure moitié
Moins longue que son pied,
Et que l'élégant sur l'épaule colporte
Un manteau romain
Du faubourg Saint-Germain.
Un plongeur, dit-on,
A trouvé la manière
D'être dans la rivière
Comme dans sa maison.
Ce procédé nouveau
Fera naître,
Paraître,
Maint projet peut-être
Jadis tombé dans l'eau.
Dédaignant, hélas !
La voix de la patrie,
D'autres portent leurs pas
En Suisse, en Italie,

Et sont curieux
D'un sol glorieux,
Qu'ils trouveraient mieux
En restant chez eux...

Chacun ici-bas, mon cher, a sa folie.
Je plains presque, hélas!
Celui qui n'en a pas.
Ce monde, où la scène à chaque instant varie;
Est vraiment pour tous
Un hôpital de fous.

PETIT-PIERRE.

Oh! alors, j' vois qu' vous êtes un fou comme tout le monde.

BERNARD.

Et toi, Petit-Pierre?

PETIT-PIERRE.

Tiens! il m' connaît... Dame! ma foi, j'ai mon grain aussi; mais ma folie n'est pas triste.

BERNARD.

C'est que ta charrette roule bien, que ta Grise se porte à ravir.

PETIT-PIERRE.

Ah ben! il connaît tous les détails de mon ménage... Dam'! moi, je suis heureux.

AIR : *Ici nous allons réunir*
L'amour, l'hymen et le plaisir.
(Du Calife de Bagdad.)

J'ai du sort la faveur complète :
En partage il m' lègu' la gaîté ;
Il me donne, ainsi qu'à Jeannette,
L'appétit, la forc', la santé.
D' rendr' queuqu's servic's j'avons pris l'habitude ;
Êtr' content d' soi, ça rend l' travail moins rude.
Si l's amis m' tromp'nt, tant pis : j'aim' mieux
Fiar' des ingrats qu' des malheureux.

Et, puisque le cabriolet vous a renversé, si vous aviez besoin, là, d'amitié, *gratis*, l' rafraîchissement compris, d'une charrette pour porter votre bagage à domicile.

BERNARD.

Merci, mon garçon... je le porte à dos.

PETIT-PIERRE.

Oh ! le farceur, le farceur ! Faut que nous nous rafraîchissions ensemble... n'est-ce pas ?... Je suis rond, moi.

BERNARD.

Et moi aussi... c'est visible. (*Petit-Pierre arrange la table.*) (*A part.*)Faisons un peut causer Petit-Pierre. Jecrois que mon argent a fructifié. (*Haut.*) Eh bien ! Petit-Pierre, vous dites donc que vous êtes heureux ?

PETIT-PIERRE.

Ma foi, oui... c'est-à-dire oui et non... Y a une chose qui de temps à autre me tourmente : c'est de ne pas entendre parler de celui qui a fait mon bien-être... Oh ! l'histoire de ma fortune, c'est comme un conte. Imaginez-vous que, sans me connaître, le frère de M. Saint-Félix m'a mis à la tête de deux mille francs... Oh ! que je l'aime, cet homme-là !

BERNARD, *à part.*

Ce bon Petit-Pierre...! (*Haut.*) Il doit être heureux de voir son bienfait convenablement placé.

PETIT-PIERRE.

Lui !... ah ! ben, il s'occupe ben d' ça ; il n'a jamais seulement cherché à me voir.

BERNARD.

C'est quelque original qui ne savait peut-être que faire de son argent, ou bien qui croyait réparer quelque grosse injustice par une espèce de bienfait.

PETIT-PIERRE.

Oh ! silence, je vous prie... car je ne répondrais pas de moi... Insulter mon bienfaiteur !

BERNARD, *à part.*

Les larmes me viennent aux yeux.

Air : *Amis, jamais le chagrin ne m'approche.*

C'est quelque fou dont la grande opulence
Parfois s'amuse à semer son argent.

PETIT-PIERRE.

Cessez, cessez, un tel discours m'offense;
Mon protecteur a l'droit assurément
D'trouver en moi le cœur reconnaissant.
Je le défends; et mon âme entraînée,
Dans un bienfaiteur comm' le mien,
Voit un d'ces homm's qui, du pauvr' le soutien,
Se dis'nt le soir, J'ai perdu ma journée,
Quand ils se couch'nt sans avoir fait du bien.

BERNARD.

Oui, mon cher Petit-Pierre, ton bienfaiteur sait combien tu es digne... Viens dans ses bras... (*Se reprenant.*) Voilà ce qu'il te dirait s'il était à ma place... (*A part.*) Diable, diable, j'allais me trahir.

PETIT-PIERRE.

S'il était là... oh! comme je le serrerais contre mon cœur! (*Il presse Bernard.*) Il me semble que je le tiens... A sa santé!

BERNARD.

De tout mon cœur.

SCÈNE XIII.

PETIT-PIERRE, BERNARD, LÉON, BLAISOT, CHARLES, JULES, ACHILLE.

CHOEUR.

AIR : *Il faut rire, il faut boire* (du Maçon).

Nous voilà de retour.
Quelle mésaventure !

TOUS.

Il n'a plus sa voiture.
Qu'a-t-il fait en ce jour ?

LÉON.

Quelle cruelle étoile !... quelle maligne influence ! Que dira mon père ?... Il n'y qu'à moi qu'on voit arriver de pareils accidents. Accrocher une boutique au milieu du bois de Boulogne ! c'est jouer de malheur.

BLAISOT.

Une boutique roulante.

LÉON.

C'est de ta faute, Charles : pourquoi ne pas m'avertir que le négociant en faïence passait dans l'allée ?

ACHILLE.

Si tu savais mieux conduire, ça ne serait pas arrivé.

CHARLES.

Quel désastre dans le magasin ! les soupières, les tasses et les verres omnibus, quel charivari !

LÉON.

Le pire de tout cela, c'est mon tilbury qui est en fourrière, si je ne paie pas les soixante francs, prix du dommage.

BERNARD.

Je pense qu'une pareille bagatelle.

LÉON.

On ne vous demande pas votre avis, monsieur. Mes amis, il faut cependant trouver un moyen.

BERNARD.

La bourse de vos amis va s'ouvrir.... c'est l'usage.

CHARLES.

Certes, si je n'avais moi-même fait de folles dépenses, je serais le premier...

ACHILLE.

Oh ! que je regrette que ma position...

BERNARD, *à Jules.*

A votre tour, monsieur : trouvez donc votre

phrase ; cherchez tous les termes à la mode. Vous avez de la marge ; il est volumineux le vocabulaire des mots que l'égoïsme emploie pour se dispenser de rendre un service.

TOUS.

Tiens, c' moraliste.

JULES.

Ses phrases sont bien construites ; mais...

LÉON.

Ce n'est pas comme...

BERNARD.

Sa taille... Achevez : une impertinence qu'on a envie de dire vaut le double de celle qu'on prononce.

LÉON.

Tout cela ne me donne pas la somme. Si j'avais encore quelque ressource... quelque objet de valeur... Mes amis, cherchons ; aidez-moi : peut-être dans ma chambre...

BERNARD.

Pour les services qui ne coûtent rien, ces messieurs tombent même dans la prodigalité.

Ils sortent.

SCÈNE XIV.

BERNARD, PETIT-PIERRE.

PETIT-PIERRE, *pensif.*

Soixante francs... J'ai beau chercher dans mes poches... il n'y a que trente sous... dans le tiroir de la commode il y a personne à l'appel... Êtes-vous à l'aise, vous ?... Prêtez-moi soixante francs.

BERNARD.

Comment ! tu voudrais...

PETIT-PIERRE.

Eh ben ! il n'y a pas de doute, r'tirer le tilbury de la fourrière... Est-ce que vous croyez que j' vas voir le neveu de mon bienfaiteur dans la peine sans chercher à l'en tirer ?

BERNARD.

C'est un étourdi...

PETIT-PIERRE.

Il n'est plus question de cela quand le besoin parle... Voyons, avez-vous soixante francs ?... Non : c'est un malheur, c'est pas déshonorant. Il y a l' père Jacques qui m'a proposé de me louer ma charrette pendant un mois : j' vas y dire de la prendre.

BERNARD.

Et tes travaux, tes déménagements ?

PETIT-PIERRE.

J' les ferons sur mon crochet, sur mes bras... Allons, allons, le tilbury s'est embourbé, il faut que la charrette le tire de là...

BERNARD.

Léon ne te remettra jamais l'avance...

PETIT-PIERRE.

S'il oublie ce que l'honneur lui dit de se rappeler, tant pis ; moi, j' veux pas être sourd à ce que la reconnaissance me command' de faire... Et en avant la charrette ! Et puis, au fait, j' vous trouve ben étonnant, ben ravissant, d' venir ainsi dénigrer c' jeune homme. Il y a du bon dans cett' tête légère-là ! Laissez l' temps faire, et vous verrez l' fond.

AIR : *A soixante ans.*

Laissons passer l'âg' de l'étourderie ;
Un tour malin, une escapad', c' n'est rien :
Le temps viendra remplacer la folie
Par les vertus qui font l'homme de bien (*bis*).
Un jour Léon, dont l'âme est franche et bonne,
D' sa légèr'té réprim'ra les élans ;
J'en suis certain. Chaque jour, dans nos champs,
N' voyons-nous pas se r'dresser en automne
L'arbr' qui poussait tout d' travers au printemps ?

BERNARD.

Il m'attendrit... Excellent cœur !

PETIT-PIERRE.

Voyons... il y a-t-il moyen d'avoir mes soixante francs ? aboulez... J' vous les remettrai sous huit jours, après les déménagements du 15.

BERNARD.

Oui, Petit-Pierre, tu les auras tes soixante francs.

PETIT-PIERRE.

A la bonne heure... Oh ! vous êtes un fameux bonhomme... Hé ! monsieur Jules ! monsieur Jules ! hé ! tout l' monde ! venez, venez... Mais, non, faut pas l' dire... ça lui ferait honte ; faut cacher ça.

BERNARD.

Oh ! je n'y tiens plus... Excellent cœur !

SCÈNE XV.

LES PRÉCÉDENTS, LÉON, CHARLES, ACHILLE, JULES, BLAISOT.

PETIT-PIERRE.

Dis-moi, Blaisot...

Il lui parle à l'oreille.

BLAISOT.

Oui, oui, j'entends bien ; je vais aller dégager le tilbury de monsieur.

LÉON.

Le dégager, et avec quel argent ?

PETIT-PIERRE.

Imbécille !... on lui dit de se taire...

BERNARD.

M. Léon, c'est Petit-Pierre qui solde avec son travail les étourderies que vous faites. Messieurs, que cela vous serve de leçon : le tilbury est trop heureux que la charrette vienne à son secours. Vous vous moquiez tantôt de Petit-Pierre, et maintenant ce serait à lui...

PETIT-PIERRE, *bas.*

C'est bon, c'est bon : la morale, mais d'abord l'argent.

BERNARD.

Laisse-moi solder cette affaire, mon cher Petit-Pierre.

LÉON.

Je ne souffrirai pas...

BERNARD.

Laissez votre orgueil de côté. Quand on fait des folies, on doit écouter les réprimandes de ceux qui les paient ; et, d'ailleurs, l'oncle Bernard a le droit, ce me semble, de payer vos dettes.

LÉON.

Mon oncle !

PETIT-PIERRE.

Mon bienfaiteur !

BERNARD.

Oui, mes enfants, je suis ce Bernard que vous n'aviez jamais vu ni l'un ni l'autre. Petit-Pierre, je te prends désormais pour mon trésorier : tout à l'heure je te remettrai la caisse. Cette difformité, qui fait l'objet des plaisanteries de ces messieurs, et qui devrait au contraire exciter leur pitié, est de nature à n'attrister ni celui qui la regarde ni celui qui la porte. Parcourant la France en marchand philosophe, je me suis fait une valise portative, dont je vais disposer, Petit-Pierre, à ton profit.

Il défait sa bosse, la renverse sur la table, et l'argent et l'or roulent au moment où Jeannette et Laurence paraissent.

TOUS.

Ah ! mon Dieu !

SCÈNE XVI ET DERNIÈRE.

LES PRÉCÉDENTS, JEANNETTE, LAURENCE.

JEANNETTE.

V'là mon rêve qui se réalise... Oh ! que le fou est aimable !

LAURENCE.

Oh ! quelle richesse !

BERNARD.

Il défait la bosse, et montre beaucoup d'effets non payés.

Eh bien, messieurs, vous ne vous doutiez pas que la bosse rirait de vous tous.

Charles, Achille, Auguste, s'éloignent.

BERNARD.

Quand les faux amis s'éloignent, le véritable bonheur est près d'arriver. Maintenant que nous sommes en famille, voici, mes enfants, mon histoire.

AIR *des Blouses.*

Fuyant la ville et long-temps en voyage,
Gai commerçant que la fortune suit,
J'ai fait en France un long pèlerinage,

Et je reviens t'en offrir le produit.
Dévalisé deux fois dans la traverse,
Je sus trouver un moyen bien certain
De garantir les gains de mon commerce
Des escompteurs, courtiers de grand chemin.
J'ai su créer une nouvelle mode :
Cette valise est par bonheur, ma foi,
Très bien garnie... et le meuble est commode,
Et l'on voyage avec lui sans effroi.
Sans nul souci j'ai pu me mettre en route,
Et me charger d'excellentes valeurs,
Car, en portant ce bagage, on redoute
Plus les plaisants qu'on ne craint les voleurs.
Mais, philosophe, à celui qui me raille,
Je répondais : Chacun a son fardeau :
Le mien au moins est bien fait à ma taille;
Moi je me plais, et ce qui plaît est beau.
Mon existence est une longue noce.
Je suis construit, j'en conviens, de travers;
Mon cœur est bon : me juger sur ma bosse,
C'est acheter une étoffe à l'envers.
Les bossus seuls ont peut-être en ce monde
La seule forme utile, et sa façon
Est dans la règle : or, quand la terre est ronde,
Le genre humain doit comme elle être rond.

Petit-Pierre, sois toujours le même. Toi, Léon, tâche de changer... Pour ne pas être écrasé encore par quelque autre étourdi, je repartirai le plus tôt possible. Je remplirai encore ma valise : tâche aussi de la mériter... Je n'oublierai pas non plus ma petite Laurence... Elle est raisonnable, et ne se perd pas à l'école des fous... Jette, mon cher Léon, de temps en temps les yeux sur Petit-Pierre: c'est par la comparaison que l'on devient meilleur. Tu le verras actif, laborieux, sachant modérer ses désirs et se créer des passe-temps honnêtes, et tu te convaincras qu'on arrive souvent au bonheur moins vite en tilbury qu'en charrette. Quant à moi, je voyage à pied; et tous les matins, mon bagage sur le dos, ma valise par-devant et par-derrière, je me dis:

Air *des Omnibus*.

Allons, allons,
Dépêchons et partons;
En route, en route, en route!
Soir et matin,
Ce refrain,
Sans nul doute,
Abrége le chemin.

On dit que pour tous
La vie est un triste voyage;
Laissons après nous
Quelque souvenir au passage.
Quittant un repas joyeux,
Cessant des refrains heureux,
Lorsqu'il faut d'un malheureux
Essuyer les yeux,

Allons, allons,
Dépêchons et partons etc.

LÉON.

Naguère un soldat
Rêvait la gloire à la caserne ;
Mais le tambour bat,
Il met la main à la giberne.
Amis, allons échanger
Nos lauriers. Dans le danger.
Nous saurons vous protéger,
Grecs! Pour vous venger..

Allons, allons,
Dépêchons, etc.

PETIT-PIERRE.

Craignant l' chiffonnier,
Naguèr' les barbets, les caniches,
De peur du panier,
Restaient tout' la nuit dans leurs niches.
Maint'nant que l' philosoph' d' nuit
Doit avoir lantern' qui r'luit,
Quand a sonné l' coup d' minuit,
L' caniche se dit :
« J' peux sans danger me prom'ner
« Et flaner.

« En route, en route, en route! etc. »

JEANNETTE, *au public.*

Que de grands acteurs,
Fatigués d'une grande étude,
Ont joué d' grands auteurs

Dans une grande solitude.
Nous, messieurs, dans notre espoir,
Plus heureux de recevoir
Vos visites, pour nous voir,
Dites-vous le soir :

Allons, partons vite.

FIN.

www.ingramcontent.com/pod-product-compliance
Ingram Content Group UK Ltd.
Pitfield, Milton Keynes, MK11 3LW, UK
UKHW020445180726
13839UKWH00004B/1645

9 782329 495781